K. Sumathi
V.Seetha lakshmi

Integração e análise de LAN e WAN sem fios sobre VoIP

K. Sumathi
V.Seetha lakshmi

Integração e análise de LAN e WAN sem fios sobre VoIP

ScienciaScripts

Imprint

Any brand names and product names mentioned in this book are subject to trademark, brand or patent protection and are trademarks or registered trademarks of their respective holders. The use of brand names, product names, common names, trade names, product descriptions etc. even without a particular marking in this work is in no way to be construed to mean that such names may be regarded as unrestricted in respect of trademark and brand protection legislation and could thus be used by anyone.

Cover image: www.ingimage.com

This book is a translation from the original published under ISBN 978-620-2-31656-9.

Publisher:
Sciencia Scripts
is a trademark of
Dodo Books Indian Ocean Ltd. and OmniScriptum S.R.L publishing group

120 High Road, East Finchley, London, N2 9ED, United Kingdom
Str. Armeneasca 28/1, office 1, Chisinau MD-2012, Republic of Moldova, Europe
Printed at: see last page
ISBN: 978-620-7-96223-5

ÍNDICE DE CONTEÚDOS

CAPÍTULO 1 — 2

CAPÍTULO 2 — 6

CAPÍTULO 3 — 8

CAPÍTULO 4 — 10

CAPÍTULO 5 — 14

CAPÍTULO 6 — 24

CAPÍTULO 7 — 40

CAPÍTULO 1
INTRODUÇÃO

A aplicação de voz sobre protocolo Internet (VoIP) está a ganhar popularidade recentemente. Muitas pessoas consideram atractiva e rentável a fusão e unificação das redes de voz e de dados numa só. Para além das questões de custo, outra vantagem da VoIP é a portabilidade. Podemos fazer e receber chamadas telefónicas onde quer que exista uma ligação de banda larga e é tão conveniente como o correio eletrónico. O reencaminhamento de chamadas, as chamadas em espera, o correio de voz e as chamadas de três vias são alguns dos serviços que são normalmente fornecidos sem custos adicionais. Também podemos enviar dados, como imagens e documentos, ao mesmo tempo que falamos ao telefone.

1.1 O QUE É O VoIP?

A VoIP, conhecida como Telefonia IP, é a transmissão em tempo real de sinais de voz utilizando o Protocolo Internet (IP) através da Internet pública ou de uma rede de dados privada. O conceito primário de VoIP é muito semelhante à utilização de um microfone para gravar uma voz e guardá-la na memória de um computador. No entanto, na VoIP, as amostras de áudio não são armazenadas localmente. Em vez disso, são agrupadas em pacotes de dados e enviadas através da rede IP para outro computador. Na VoIP, o sinal de voz analógico do transmissor é convertido em formato digital antes de ser comprimido e codificado em pacotes IP para ser transmitido ao recetor através da rede IP. Na extremidade recetora, o conversor digital para analógico (DAC) regenera o sinal de voz analógico original depois de reunir os pacotes IP recebidos e de os processar com a tecnologia atual,

As chamadas VoIP podem ser efectuadas a partir de um computador, de um telefone VoIP especial ou de um telefone tradicional com um adaptador. A VoIP quase substituiu a rede telefónica pública comutada (PSTN) convencional devido à sua relação custo-eficácia e às funcionalidades que oferece.

1.2 COMO FUNCIONA

O princípio básico do funcionamento da VoIP é conhecido como "comutação de pacotes". No VoIP, o ficheiro é reduzido a metade para uma maior eficiência. Isto é possível porque apenas metade da ligação está a ser utilizada num determinado momento. Além disso, os "intervalos de silêncio" são eliminados, o que torna os ficheiros ainda mais pequenos. Em seguida, em vez de enviar um fluxo contínuo de bytes, na VoIP, os bytes são enviados apenas em pacotes. Estes bytes são encaminhados através de uma rede caótica, em vez de uma linha dedicada. Todo esse processo é conhecido como comutação de pacotes. Na comutação de pacotes, a ligação é aberta apenas por um breve instante, apenas o tempo necessário para enviar um pequeno "pacote" de dados de um sistema para outro.

O computador a partir do qual os dados são enviados divide-os em pequenos pacotes. Fixa também um endereço em cada um deles, indicando ao dispositivo de rede para onde os deve enviar. Cada pacote contém uma carga útil. Esta carga pode ser qualquer coisa, desde e-mails, ficheiros de música ou voz (ruído). Os pacotes são então enviados para um router, que se encontra próximo do computador que os envia. O router envia então o pacote para outro router que se encontra perto do computador destinatário. Os pacotes são então enviados de router em router até o computador recetor receber os pacotes. O computador volta a colocar os dados na sua forma original utilizando as instruções contidas nos pacotes. Todos os pacotes percorrem caminhos diferentes para chegar ao computador.

O dispositivo VoIP pode ser um ATA (adaptador de telefone analógico) e um telefone normal, um telefone IP ou um softphone com microfone e auricular. (Um softphone é um cliente de software (por exemplo, Skype), instalado no computador, que permite efetuar chamadas VoIP.)Dependendo do tipo de chamadas que pretendemos efetuar, podemos precisar de um fornecedor de serviços (como a AT&T, a Verizon ou o Skype).

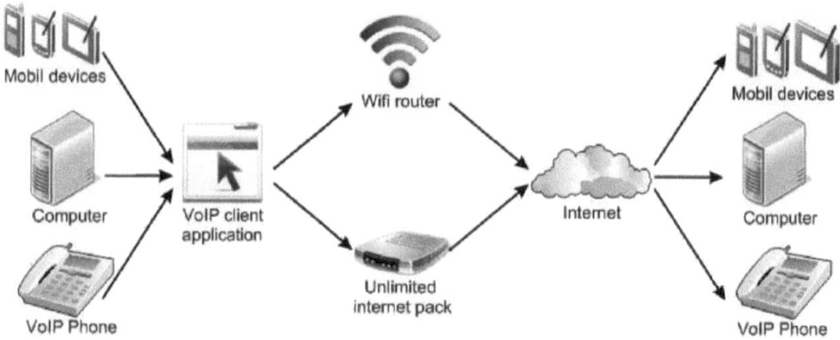

Figura 1.1 Funcionamento da VoIP

1.3 Vantagens do VoIP

- Baixo custo: Esta tecnologia permite uma maior poupança financeira. Isto acontece porque existe apenas uma rede que transporta a voz e os dados, fornecida por um único fornecedor. Se tivermos uma ligação à Internet de banda larga (DSL ou cabo), podemos fazer chamadas telefónicas de PC para PC em qualquer parte do mundo gratuitamente.

- Portabilidade: Um conceito importante a compreender sobre o VoIP é que, ao contrário dos seus antepassados (PSTN), não depende da distância ou da localização

- Funcionalidades: Ao contrário do serviço telefónico normal, que normalmente cobra mais por funcionalidades extra, o VoIP inclui uma série de funcionalidades de comunicação avançadas. Por exemplo, o reencaminhamento de chamadas, a chamada em espera, o correio de voz, são alguns dos muitos serviços incluídos no serviço telefónico VoIP sem custos adicionais.

- Flexibilidade: Quando escolhemos um fornecedor de serviços telefónicos VoIP, é-nos enviado um conversor para permitir que um telefone normal utilize o serviço telefónico VoIP. O nosso número de telefone é programado no conversor.

1.4 Desvantagens do VoIP

- Sem serviço durante uma falha de energia: Durante um apagão, um telefone normal é mantido em funcionamento pela corrente fornecida através da linha telefónica. Isto não é possível com os telefones IP, pelo que, quando a energia é cortada, não há serviço telefónico VoIP.
- Fiabilidade: Como o VoIP depende de uma ligação à Internet, o serviço VoIP será afetado pela qualidade e fiabilidade do serviço de Internet de banda larga e, por vezes, pelas limitações do PC.

1.5 Desafios da VoIP

Uma vez que a VoIP é uma tecnologia relativamente nova, são de esperar desafios à medida que a tecnologia amadurece. A segurança é uma das principais preocupações da VoIP, tal como acontece com outras tecnologias da Internet. Os problemas de segurança mais proeminentes no VoIP são o roubo de identidade e de serviços, os vírus e o malware, a negação de serviço, o spamming, a adulteração de chamadas e os ataques de phishing.

A adulteração de chamadas, que envolve a adulteração de uma chamada telefónica em curso, está também a surgir como uma ameaça. Por exemplo, o atacante pode estragar a qualidade da chamada injectando pacotes de ruído no fluxo de comunicação. Ou o atacante pode reter a entrega de pacotes, de modo a que a comunicação se torne irregular e os participantes se deparem com longos períodos de silêncio durante uma chamada.

CAPÍTULO 2
PESQUISA BIBLIOGRÁFICA

Ali M. Alsahlany [1] analisou e avaliou o desempenho da QoS para o tráfego VoIP com vários codecs de voz, integrando LAN sem fios e WAN. O resultado mostra que a seleção do codec G.729A fornece um resultado significativo. Apresenta um valor MOS aceitável e um menor desvio entre o pacote recebido e o pacote transmitido, em comparação com o G.711 e o G.723.1

Amer Nizar Abu Ali [2] efectuou um estudo comparativo entre o IPV4 e o IPV6. A migração do IPv4 para o IPv6 num instante é impossível devido à enorme dimensão da Internet e ao grande número de utilizadores do IPv4. Também foram discutidos os prós e os contras da migração do IPv4 para o IPV6.

Em [3], os autores utilizaram o VoIP como medida multimédia para identificar as principais limitações para melhorar a QoS nas LAN sem fios, em comparação com as redes com fios. Ayman Wazwaz et al investigaram os factores que afectam as chamadas VoIP, o efeito da mobilidade a diferentes velocidades na qualidade das chamadas VoIP. A sequência de problemas surge devido ao aumento do número de utilizadores VoIP na rede, partindo do princípio de que o serviço de roaming está ativado para evitar a interrupção das chamadas durante a deslocação. Concluiu que, se o utilizador estiver afastado dos pontos de acesso, a chamada cai e, ao aumentar o número de utilizadores VoIP, a qualidade da voz diminui.

Hussein et al. [4] efectuaram uma comparação entre diferentes algoritmos de filas de espera. Os autores concluíram que os algoritmos Priority Queue e Weight Fair Queuing são os mais adequados para melhorar a QoS para VoIP.

Hira Sathu e Mohib A. Sha [5] analisaram o desempenho da voz sobre protocolo Internet (VoIP) para cinco codecs diferentes, utilizando IPv4 e IPv6 em diferentes sistemas operativos, como o Windows XP, o Windows Vista e o Windows 7. São analisados vários parâmetros como o tempo de ida e volta, o jitter e o throughput.

Os investigadores em [6] compararam o desempenho do VoIP em LAN Ethernet (802.3) e LAN sem fios (IEEE 802.11). Examinaram o desempenho do VoIP em duas configurações de rede diferentes e analisaram os resultados utilizando o simulador OPNET.

Em [7] Sai Anand et al analisaram o desempenho de diferentes codecs na configuração WLAN para tráfego VoIP. Discutiram vários protocolos de encaminhamento como o AODV, DSR, OLSR e GRP para o tráfego VoIP e verificaram que o OLSR tem um rendimento elevado e um atraso mínimo em comparação com os outros protocolos.

Uma análise semelhante foi efectuada em [8] para analisar a QoS da implementação de VoIP na rede WIMAX e comparar o desempenho obtido em várias classes de serviço.

M.A. Mohamed et al., [9] efectuaram um estudo de simulação elaborado sobre o desempenho do WiMAX para suportar o tráfego VoIP. Os autores compararam o desempenho de vários codecs, como o G. 723, G. 711, G. 726, G. 728 e G.729, no que respeita a parâmetros importantes, como o MOS, o atraso de extremo a extremo, o jitter e a variação do atraso dos pacotes.

Haniyeh Kazemitabar et al [10] abordam as principais questões relativas às vantagens e desafios da VoIP sobre WLAN (VoWLAN).

Em [11], Dinesh Goyal et al compararam a análise do desempenho das pilhas de protocolos IPv4 e IPv6 em sistemas operativos como o Microsoft Windows 2007, MAC e Red Hat Linux Enterprise versão 4 em arquitecturas ponto-a-ponto e router-torouter em termos de cálculo da variação do débito, da latência e da sobrecarga

CAPÍTULO 3

CHAMADA DE CONFERÊNCIA VoIP

3.1 CONFERÊNCIA

Uma chamada em conferência é uma chamada telefónica em que alguém fala com várias pessoas ao mesmo tempo. As chamadas em conferência podem ser concebidas de modo a permitir que a parte chamada participe durante a chamada, ou a chamada pode ser configurada de modo a que a parte chamada se limite a ouvir a chamada e não possa falar. Por vezes, é designada por ATC. A VoIP suporta estas caraterísticas incluídas na telefonia tradicional, mas a um custo muito inferior para o consumidor. Particularmente num contexto empresarial, a conferência de 3 vias através de VoIP é muito prática, uma vez que proporciona uma plataforma para reuniões de equipa sem os custos e os atrasos das deslocações. Em termos de qualidade, a telefonia IP inclui muitos algoritmos de compressão de voz, conhecidos como codecs de voz, que podem ser utilizados em diversas redes. Os diferentes codecs de voz podem proporcionar uma qualidade de voz inferior, igual ou superior à da telefonia comutada por circuitos típica, dependendo do atraso da rede e da disponibilidade de largura de banda.

3.2 FLUXO DE CHAMADAS

A comunicação vocal é estabelecida entre duas partes utilizando o Protocolo de Iniciação de Sessão (SIP). O SIP instrui os sinais de handshaking necessários entre as duas partes envolvidas no processo de chamada. Como tal, o SIP pode fornecer as funcionalidades convencionais das chamadas, como marcar, atender, reter, rejeitar, reencaminhar e transferir chamadas. Os sinais de handshaking SIP permitem à VoIP estabelecer uma chamada de conferência de três vias, como mostra a figura 3.1.

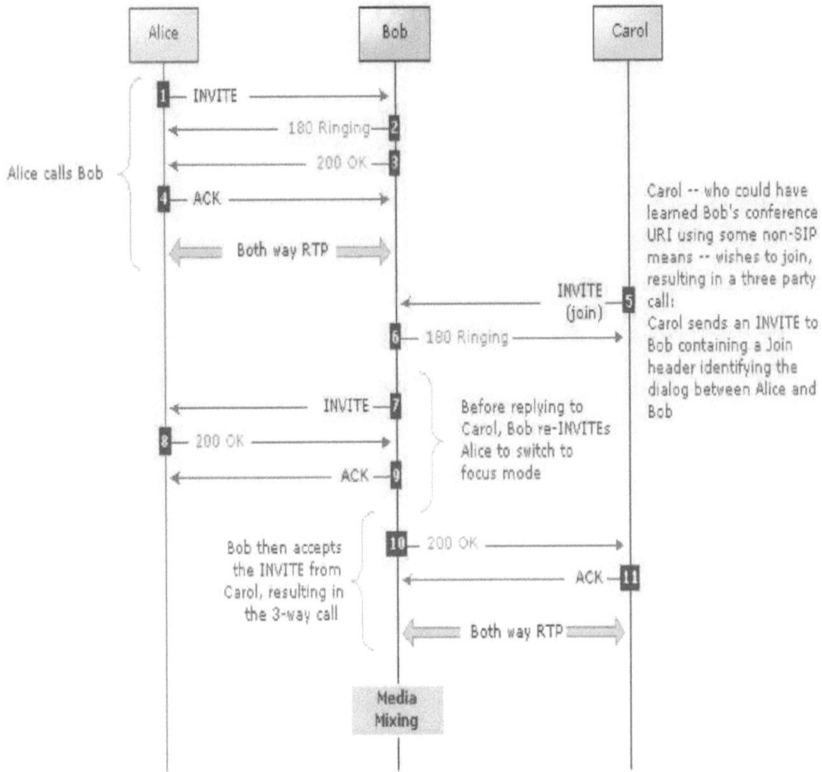

Figura 3.1 Fluxo de chamadas em conferência SIP

Quando uma chamada é feita, a voz é amostrada e digitalizada para transmissão. Os pacotes de voz são codificados usando um codec de voz padronizado, como G.711, G.723.1, G.726, G.728, G.729 e outros [7]. Estes codecs diferem em termos de algoritmo, largura de banda, modulação e carga útil, mas são todos concebidos para comprimir o sinal de áudio digital que contém dados de voz. Uma vez codificados, os pacotes de voz são transmitidos em RTP/UDP/IP.

CAPÍTULO 4
ALGORITMOS DE ENFILEIRAMENTO

4.1 QUEUES

A Internet está a intensificar-se diariamente e o número de componentes da infraestrutura de rede está a aumentar rapidamente. Os encaminhadores são utilizados mais universalmente para interligar diferentes redes. Uma das suas tarefas é manter o nível adequado de qualidade de serviço (QoS). No caso do VoIP, o requisito é entregar os pacotes em menos de 150 ms. Este limite é estabelecido a um nível em que o ouvido humano não consegue reconhecer variações na qualidade da voz. Esta é uma das principais razões pelas quais os principais fabricantes de equipamento de rede implementam a funcionalidade QoS nas suas soluções. A QoS é um sistema muito complexo e abrangente que pertence à área da gestão de congestionamentos prioritários. É implementado através da utilização de diferentes mecanismos de enfileiramento, que se encarregam de organizar o tráfego em filas de espera. O tráfego sensível ao fator tempo deve ter a máxima prioridade possível. No entanto, se não for utilizado um mecanismo de enfileiramento correto (FIFO, CQ, WFQ, etc.), a prioridade perde o seu significado inicial. É também um facto bem conhecido que todos os elementos com capacidade de memória implicam atrasos adicionais durante a transferência de dados de um segmento de rede para outro, pelo que deve ser utilizado um mecanismo de enfileiramento adequado e um comprimento de buffer adequado, caso contrário a qualidade VoIP irá deteriorar-se.

4.2 PRIMEIRO A ENTRAR, PRIMEIRO A SAIR

FIFO é um acrónimo de First In First Out (primeiro a entrar, primeiro a sair). Esta expressão descreve o princípio de um comportamento de fila ou de "primeiro a chegar, primeiro a ser servido": o que entra primeiro é tratado primeiro, o que entra a seguir espera até que o primeiro termine, etc. Assim, é análoga ao comportamento das pessoas "em fila" ou "fila de espera", em que as pessoas saem da fila pela ordem em que chegam. Primeiro a entrar, primeiro a sair (FIFO) é a disciplina de enfileiramento mais básica, mostrada na Fig. 4.1. No enfileiramento FIFO, todos os pacotes são tratados igualmente, colocando-os numa única fila e, em seguida, atendendo-os na mesma ordem em que foram colocados na fila. O enfileiramento FIFO também é chamado de enfileiramento First Come First Serve (FCFS). Geralmente, o enfileiramento FIFO é suportado em uma porta de saída quando nenhuma outra disciplina de agendamento de fila está configurada.

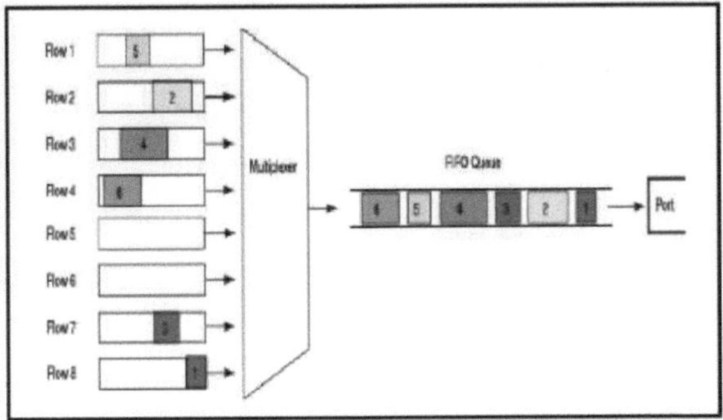

Figura 4.1 Enfileiramento FIFO

4.3 ENFILEIRAMENTO PRIORITÁRIO

PQ é uma variação simples do enfileiramento FIFO básico. A ideia é marcar cada pacote com uma prioridade; a marca pode ser transportada, por exemplo, no campo IP Type of Service (ToS). Os roteadores implementam então várias filas FIFO, uma para cada classe de prioridade. Dentro de cada prioridade, os pacotes ainda são gerenciados de forma FIFO. Essa disciplina de enfileiramento permite que os pacotes de alta prioridade sejam cortados para a frente da fila. O enfileiramento prioritário (PQ) é a base para uma classe de algoritmos de escalonamento de filas que é mostrada na Fig. 4.2 e que é projetada para fornecer um método relativamente simples de suportar classes de serviço diferenciadas. Na PQ clássica, os pacotes são primeiro classificados pelo sistema e depois colocados em diferentes filas de prioridade. Os pacotes só são programados a partir do topo de uma determinada fila se todas as filas de prioridade mais elevada estiverem vazias. Dentro de cada uma das filas de prioridade, os pacotes são programados por ordem FIFO.

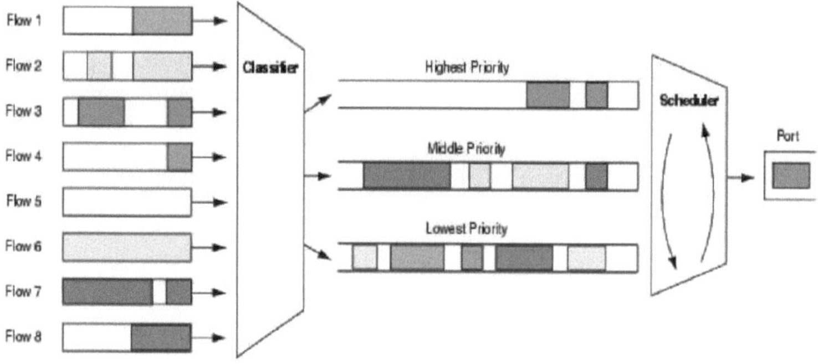

Figura 4.2 Enfileiramento prioritário

4.4 ENFILEIRAMENTO JUSTO PONDERADO

A Weighted Fair Queuing (WFQ) foi desenvolvida independentemente em 1989 por Lixia Zhang e por Alan Demers, Srinivasan Keshav e Scott Shenke. A WFQ é a base de uma classe de disciplinas de programação de filas concebidas para resolver as limitações do modelo FQ. A ideia da disciplina de enfileiramento justo (FQ) é manter uma fila separada para cada fluxo que está a ser tratado pelo router. Em seguida, o roteador atende a essas filas de forma round-robin. A WFQ permite que seja atribuído um peso a cada fluxo (fila). Esse peso controla efetivamente a porcentagem da largura de banda do link que cada fluxo receberá. Podemos usar bits ToS no cabeçalho IP para identificar esse peso.

A Fig. 4.3 mostra um escalonador round-robin ponderado bit a bit que serve três filas.

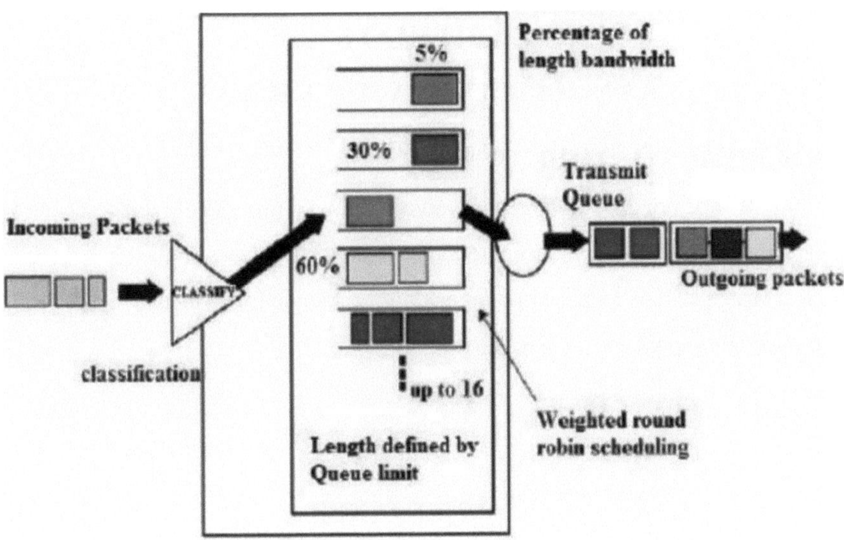

Figura 4.3 Fila de espera justa ponderada

Quando cada pacote é classificado e colocado em sua fila, o escalonador calcula e atribui um tempo de término para o pacote. Conforme o escalonador WFQ atende suas filas, ele seleciona o pacote com o primeiro (menor) tempo de término como o próximo pacote a ser transmitido na porta de saída.

CAPÍTULO 5

CONFIGURAÇÃO DA SIMULAÇÃO

5.1 DESCRIÇÃO DO PROJECTO

A estrutura de rede criada é uma rede privada para uma empresa com dois escritórios situados em dois países diferentes em todo o mundo, de modo a simular as comunicações entre dois locais como uma comunicação de longa distância e o mesmo local como uma comunicação local.

Figura 5.1: Duas empresas diferentes localizadas em países diferentes

Cada empresa ocupa três andares e há quinze estações de trabalho em cada andar. A estrutura da rede local (LAN) de ambas as empresas é a mesma. Os postos de trabalho de cada piso podem comunicar com os postos de trabalho de outros pisos do mesmo edifício através de VoIP. Para tornar a nossa rede VoIP mais interessante, as estações de trabalho em cada piso podem também comunicar através de VoIP com estações de trabalho em qualquer piso da segunda empresa, localizada num país diferente. Observar como os parâmetros de QoS se alteram quando são utilizados diferentes esquemas de codificação e determinar qual o esquema de codec mais adequado para esta rede integrada é o principal objetivo do projeto. Também são analisadas as variações dos parâmetros de QoS em chamadas locais e de longa distância. Além disso, é estudada a análise de desempenho do VoIP usando IPv4 e IPv6.

5.2 MODELO DE SIMULAÇÃO

O modelo de simulação para a rede VoIP em estudo é ilustrado nas Figuras 5.1 e 5.2. Duas sub-redes são adicionadas no mapa e cada uma representa uma empresa. O símbolo da nuvem representa a Internet e os atributos de QoS Definição de Aplicação e Definição de Perfil são adicionados no topo.

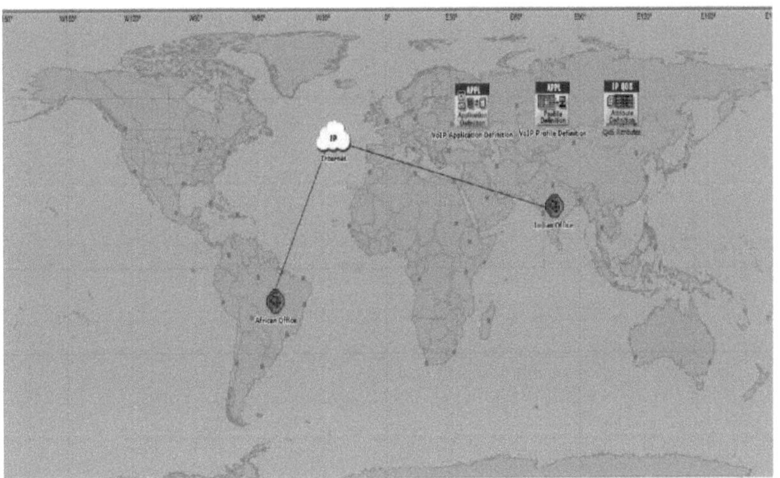

Figura 5.2Cenário de simulação

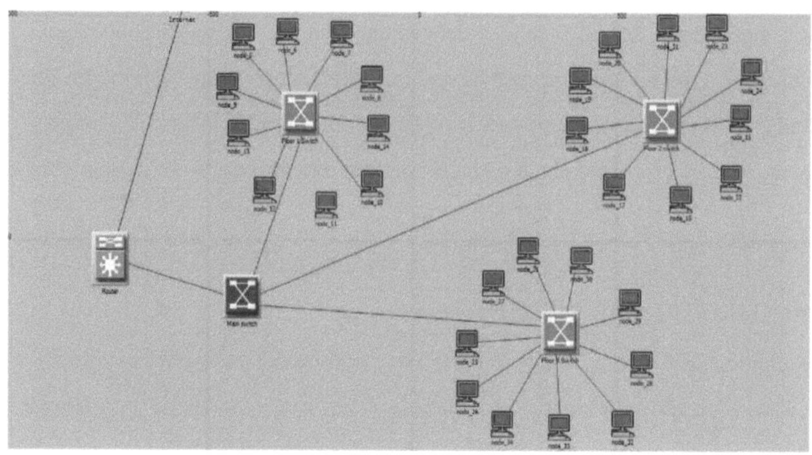

Figura 5.3 Escritório em África

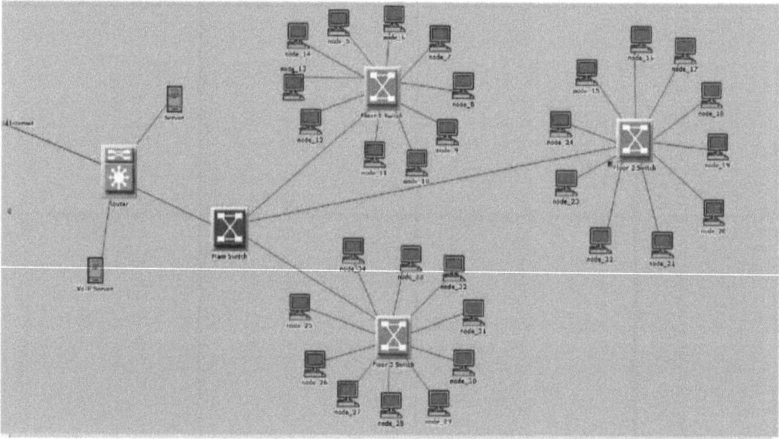

Figura 5.4Escritório indiano

As figuras 5.3 e 5.4 acima mostram a estrutura da rede de duas empresas localizadas em dois países diferentes. Uma das empresas está localizada em África e a outra na Índia. Cada empresa tem três pisos e cada piso é composto por dez postos de trabalho. Cada piso é composto por um comutador ao qual estão ligados os postos de trabalho e todos os comutadores dos pisos estão ligados ao comutador principal que está ligado à Internet através do router.

Para efetuar uma análise de chamada em conferência, é adicionada uma sub-rede de escritório adicional à nuvem, como se mostra na Figura 5.5. Nestas três sub-redes, uma sub-rede está configurada como telefone VoIP, que é utilizado para efetuar uma chamada em conferência.

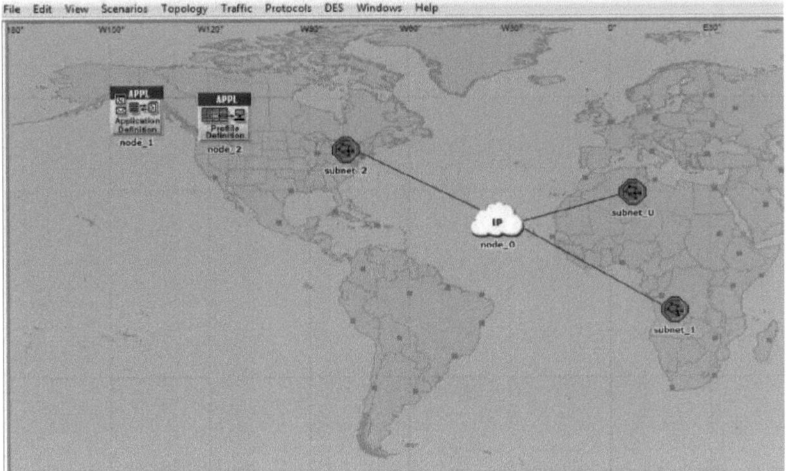

Figura 5.5 Cenário de chamada em conferência

5.3 COMPONENTES DE REDE

5.3.1 DEFINIÇÃO DA APLICAÇÃO

A definição da aplicação fornece uma lista de aplicações predefinidas. No caso de uma aplicação VoIP predefinida, os utilizadores podem alterar atributos importantes, como o codificador de fotogramas de voz por pacote. A configuração da aplicação é utilizada para definir as informações do nível utilizadas no modelo de rede. Nesta configuração da aplicação, podem ser definidos vários atributos de nível.

Esta lista de especificações de aplicações especifica as aplicações que utilizam variedades de aplicações acessíveis. Os utilizadores podem listar o nome pretendido e a especificação da aplicação especifica as aplicações que utilizam os tipos de aplicação disponíveis. Os utilizadores podem especificar um nome e a respectiva descrição de acordo com a nova aplicação criada, como por exemplo

- Aplicação de voz (telefonia IP)
- Navegação na Web (navegação HTTP elevada, navegação HTTP baixa e navegação baixa)

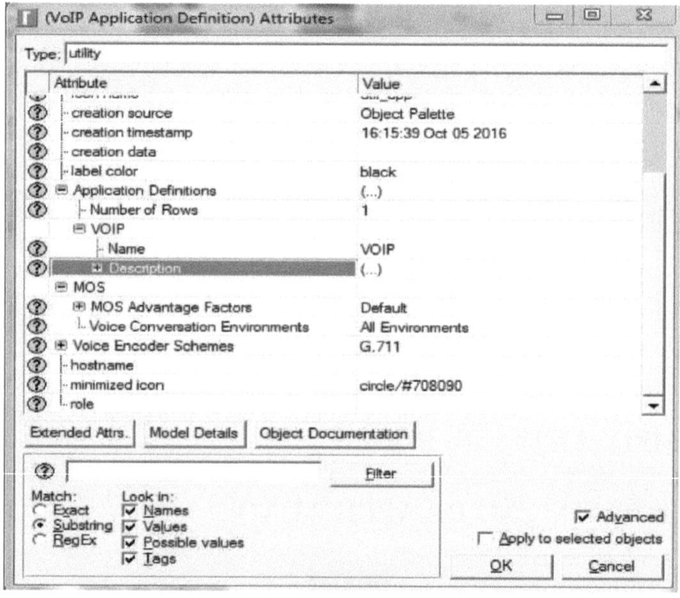

Figura6.6 Definição da aplicação

5.3.2 DEFINIÇÃO DO PERFIL

A configuração do perfil foi ajustada em vários nós da rede implementada, de modo a gerar tráfego na camada de aplicação. O padrão de tráfego, juntamente com as aplicações e a configuração do perfil, pode ser nomeado e especificado neste nó de objeto variável, mas o tráfego deve seguir a definição da aplicação.

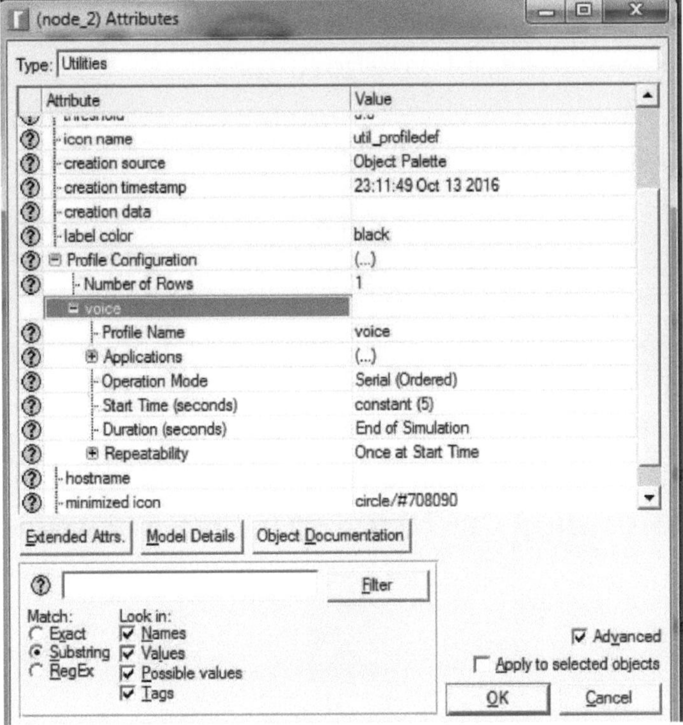

Figura 6.7 Definição do perfil

O nó de configuração do perfil utiliza uma aplicação predefinida no nó de objeto de configuração da aplicação, pelo que, para utilizar o nó de objeto de configuração do perfil, as aplicações devem ser definidas corretamente no nó de configuração da aplicação.

5.3.3 ROUTER

O router representa um gateway baseado em IP e que suporta quatro interfaces de hub Ethernet e oito interfaces de linha série. Cada pacote IP é encaminhado, à chegada, para a interface de saída de acordo com o endereço IP de destino. Neste modelo de rede, utilizámos o router Cisco C4000. Este router é utilizado como router principal em cada empresa. Liga a LAN de cada empresa à Internet. Este router tem uma taxa de encaminhamento de 14.000 pps.

5.3.4 COMUTADOR ETHERNET

O switch suporta até 16 interfaces Ethernet. Este comutador é utilizado como o comutador para cada LAN de piso. Ele conecta todas as dez estações de trabalho juntos. Este interrutor tem uma taxa de avanço de 50.000 pps.

5.3.5 COMUTADOR CENTILION100 DA BAY NETWORKS

Este comutador é utilizado como comutador principal em cada empresa. Para garantir uma topologia de rede sem lacunas, o nó do comutador implementa o algoritmo da árvore de cobertura. Liga todos os comutadores de piso. Este comutador tem uma taxa de encaminhamento de 6.400.000pps.

5.3.6 ESTAÇÃO DE TRABALHO ETHERNET

Esta estação de trabalho suporta VoIP e pode ser tanto o emissor como o recetor de pacotes VoIP. Suporta tráfego bidirecional de clientes para servidores internos e externos

5.3.7 LIGAÇÃO DUPLEX DE 10 BASES T

Todos os elementos da LAN foram ligados através de ligações 10 Base-T.

5.3.8 PPP DS1 LIGAÇÃO DUPLEX

Esta ligação é utilizada para ligar o router principal de cada empresa ao
Internet.

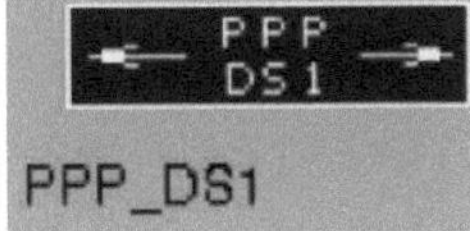

5.3.9 NUVEM IP

Isto representa uma nuvem IP que suporta até 8 interfaces de linha série a uma taxa
de dados selecionável através da qual o tráfego IP pode ser modelado. Os pacotes IP
que chegam a qualquer interface da nuvem são encaminhados para a interface de
saída apropriada com base no seu endereço IP de destino.

5.4 parâmetros de qoS a analisar

5.4.1 JITTER

Jitter é a variação do atraso de cada pacote. É um problema muito típico das redes
comutadas por pacotes, devido ao facto de a informação ser segmentada em pacotes

que viajam até ao recetor por caminhos diferentes. O jitter é medido pela variação do tempo de latência numa rede. É causado pela má qualidade das ligações ou pelo congestionamento do tráfego. Por vezes, ocorre quando os pacotes utilizam ligações de custo igual diferente. Também ocorre devido à alteração dinâmica das cargas de tráfego da rede. O desfasamento pode ser tolerado nas redes de dados porque os pacotes que chegam podem ser armazenados em memória intermédia. No entanto, para aplicações em tempo real, como a voz, o jitter tem um limite superior imposto. Quando um pacote chega além do limite superior, é descartado. Esta perda de pacotes leva a uma diminuição da qualidade do VoIP. Para que o sinal de voz possa ser reunido com êxito, o dispositivo recetor tem de ter em conta o jitter.

5.4.2 ATRASO EXTREMO-A-EXTREMO

O atraso é o intervalo de tempo em que um pacote viaja de um nó para outro nó. É causado pelo tempo necessário para que o ponto final crie pacotes, pelo tempo necessário para preencher os dados nos pacotes ou pelo tempo para organizar os dados digitais numa ligação física. A VoIP é muito sensível ao atraso, pelo que deve ser controlada e gerida. Como já foi referido, é ineficaz esperar que todos os pacotes cheguem numa ordem organizada; por conseguinte, alguns pacotes podem ser eliminados se não chegarem a tempo, o que pode provocar curtos períodos de silêncio no fluxo de áudio e causar má qualidade VoIP.

5.4.3 MOS

O Mean opinion Score (MOS) é um teste utilizado há décadas nas redes telefónicas para obter a opinião dos utilizadores humanos sobre a qualidade da rede. O MOS fornece uma indicação numérica da qualidade percebida, na perspetiva do utilizador, dos meios recebidos após a compressão. O MOS é expresso como um número único no intervalo de 1 a 5, em que 1 é a mais baixa qualidade de áudio percebida e 5 é a mais alta medida de qualidade de áudio percebida. Os testes MOS para voz são especificados pela ITU-T.

5.4.4 PERDA DE PACOTES

A perda de pacotes é o facto de os pacotes serem eliminados para gerir o tráfego da rede. É inevitável nas redes IP e ocorre por várias razões. Por exemplo, ocorre quando os routers ou comutadores trabalham para além da sua capacidade ou quando os buffers de fila ultrapassam o fluxo. Embora algumas aplicações possam tolerar a perda de pacotes porque podem esperar até que os pacotes sejam retransmitidos, algumas aplicações sensíveis ao tempo não são tolerantes à perda de pacotes, como as aplicações de telefones de texto (TTY). A perda de pacotes deve ser gerida ou controlada na VoIP, uma vez que afecta a distorção do sinal de voz.

CAPÍTULO 6
SIMULAÇÃO E RESULTADOS

6.1 ANÁLISE DA CONFERÊNCIA A LONGA DISTÂNCIA DE 3 VIAS CHAMADA

6.1.1 SIMULAÇÃO

A topologia da rede VoIP consiste em três sub-redes residenciais localizadas em diferentes partes do mundo. Cada sub-rede está ligada a uma nuvem IP utilizando ligações PPP DS1 duplex. As ligações PPP DS1 duplex são comuns em casas residenciais, porque são uma solução económica de portadora T-1 com uma taxa de bits aceitável de 1,544 Mbps. A nuvem IP representa a Internet, que é uma rede de comutação de pacotes que permite chamadas em conferência VoIP de 3 vias

Para simular com êxito uma chamada de conferência VoIP de 3 vias, é necessário definir o seguinte: Configuração da Aplicação, Definição de Perfil e Definição de Tráfego de Fundo, como mostram as figuras 6.1, 6.2 e 6.3, respetivamente.

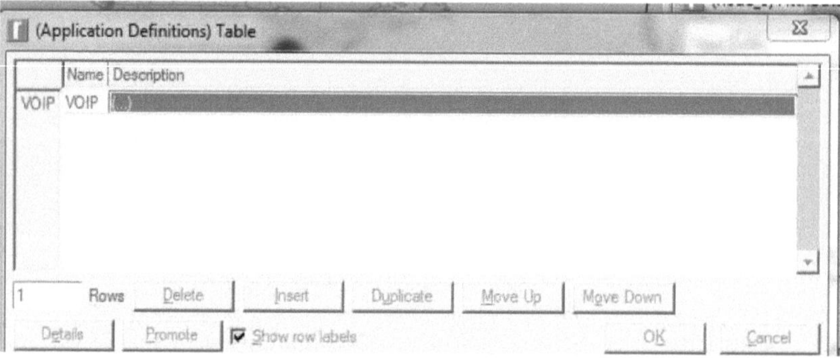

Figura 6.1 Configuração da aplicação

A definição da aplicação foi configurada para suportar a aplicação VoIP predefinida. Na figura 6, o utilizador pode personalizar a aplicação VoIP, manipulando atributos como os tipos de serviços e o esquema de codificação para se adequar à sua aplicação.

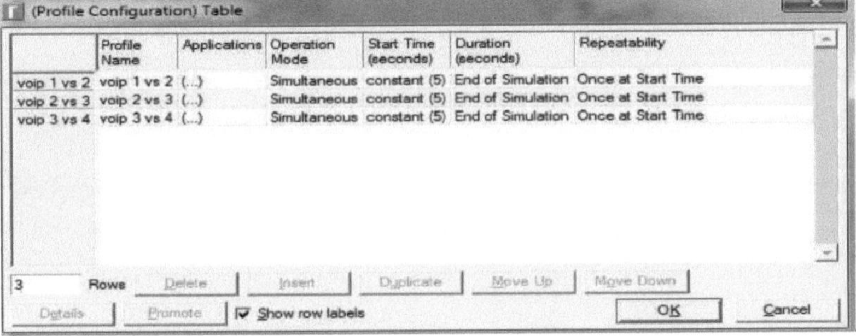

Figura 6.2 Configuração do perfil

A definição de perfil é construída em cima da aplicação VoIP, onde especifica qual estação de trabalho Ethernet suportará os serviços VoIP. Uma vez que o OPNET apenas suporta a relação P2P ou Cliente-Servidor para a aplicação VoIP, foram criadas três definições de perfil. Cada perfil representa uma ligação de um telefone VoIP a outro, pelo que cada telefone VoIP suportava 2 serviços de perfil para simular a chamada em conferência. Os serviços de perfil de cada telefone VoIP serão iniciados simultaneamente após 5 segundos de simulação, a fim de estabelecer uma chamada em conferência.

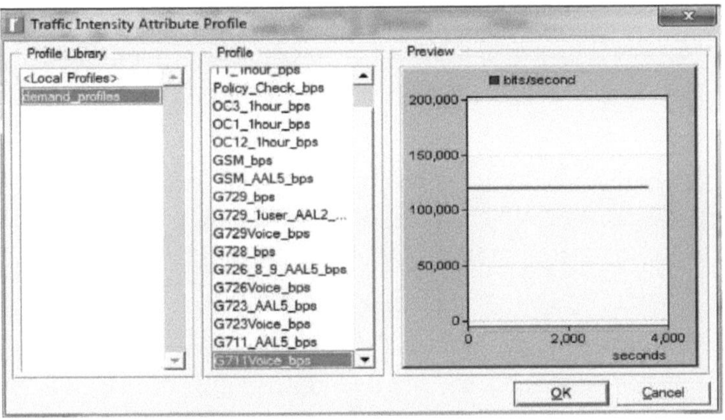

Figura 6.3 Definição de carga de fundo

Para simular o efeito que a carga de fundo terá no desempenho do VoIP, teremos de a modelar como uma carga de tráfego implicitamente definida nas ligações PPP DS1. Novamente, esses links são usados para conectar cada sub-rede residencial à nuvem de Internet IP de 32 bits. Note-se que,

apenas os cenários que estão a simular uma carga de fundo tinham as suas ligações PPP DS1 configuradas para o perfil de carga de fundo.

6.1.2 RESULTADOS E ANÁLISE

As figuras seguintes são obtidas após a recolha de estatísticas utilizando a ferramenta de simulação OPNET modeler. Cada figura mostra uma imagem comparativa dos quatro cenários. Todos os quatro cenários estão a utilizar um esquema de codec áudio e uma carga de fundo diferentes, como o G.711 no cenário 1, o G.711 com carga de fundo no cenário 2 e o G.729A no cenário 3 e o G.729A com carga de fundo no cenário 4. Após a execução bem sucedida da simulação, o resultado mostra o impacto de diferentes codecs em diferentes parâmetros de QoS numa rede VoIP. Seguem-se as figuras que mostram diferentes parâmetros de QoS, como o MOS, o atraso de fim a fim do pacote de voz (segundos), o jitter de voz (segundos), o tráfego de voz enviado (pacotes/segundos) e o tráfego de voz recebido (pacotes/segundos).

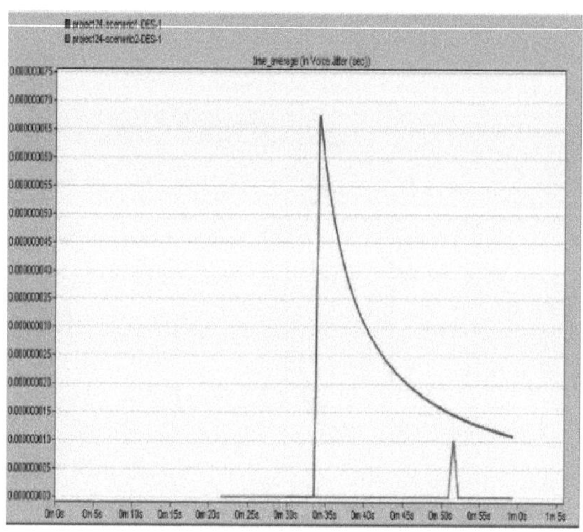

Figura6.4 Jitter de G 711 e G 729 sem carga de fundo

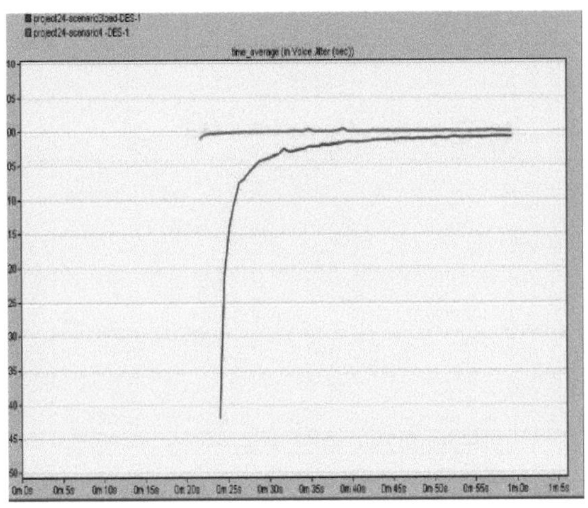

Figura6.5 Jitter de G 711 e G 729 com carga de fundo

Como é evidente na figura 6.4, o jitter entre os codecs G.711 e G.723.1 sem tráfego de fundo é mínimo e quase inexistente. No entanto, na figura 6.5, o jitter é claramente simulado e dominado pelo codec G.711, que produz um valor de jitter muito menor. Isso reafirma o que sabemos ser verdade sobre a superioridade do codec G.711 e prova que, em um cenário com tráfego de fundo, o codec G.711 é desejável.

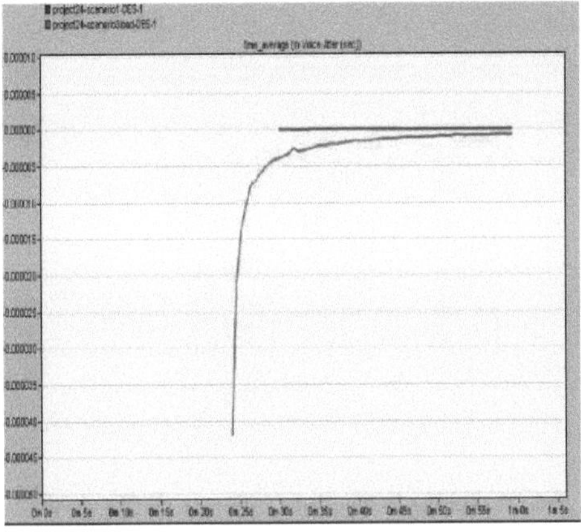

Figura6.6 Jitter do G 711 com e sem carga de fundo

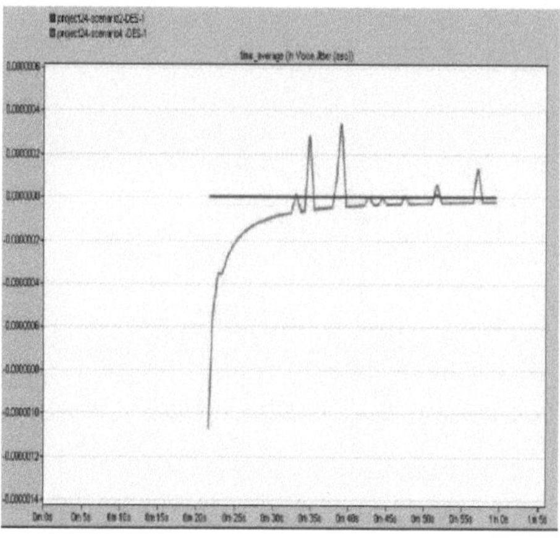

Figura6.7 Jitter do G 729 com e sem carga de fundo

Na comparação acima, a introdução de tráfego de fundo causa claramente uma grande variação no jitter dos codecs G.711 e G.729. Isso faz sentido, pois quanto mais tráfego estiver presente na rede, mais se espera ver variações no tempo de chegada dos pacotes. No entanto, a partir da conclusão que tirámos das figuras 6.6 e 6.7, podemos ver que o codec G.711 continua a ter uma clara vantagem sobre o G.729

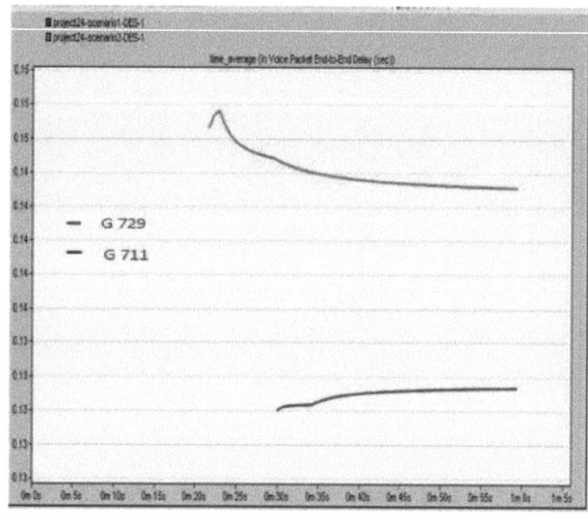

Figura 6.8 Atraso extremo a extremo do G 711 e do G 729 sem carga de fundo

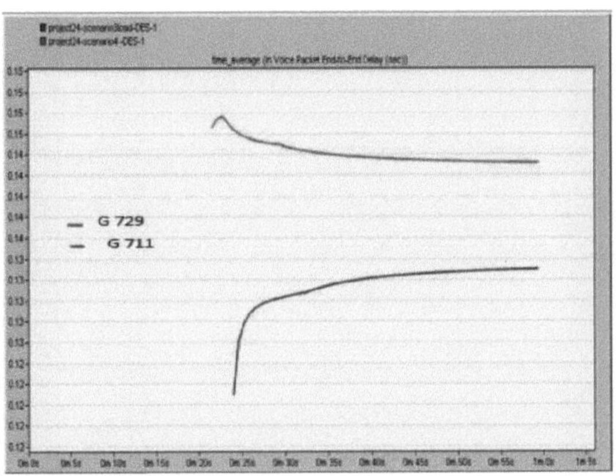

Figura 6.9 Atraso extremo a extremo do G 711 e do G 729 com carga de fundo

A figura 6.8 mostra claramente que o atraso extremo-a-extremo do codec G.729 é muito maior do que o do codec G.711 quando não há tráfego de fundo. O mesmo se pode dizer da figura 6.9, quando está presente tráfego de fundo. Este resultado confirma o facto de o codec G.711 ter um desempenho muito superior ao do codec G.729 numa situação de tráfego de fundo intenso.

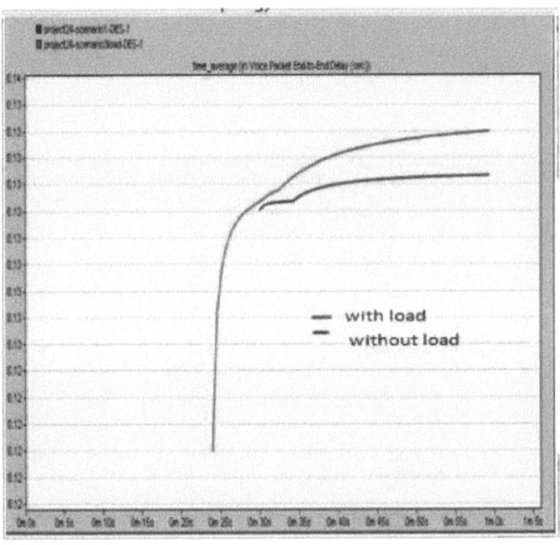

Figura6.10 Atraso extremo a extremo do G 711 com e sem
carga de fundo

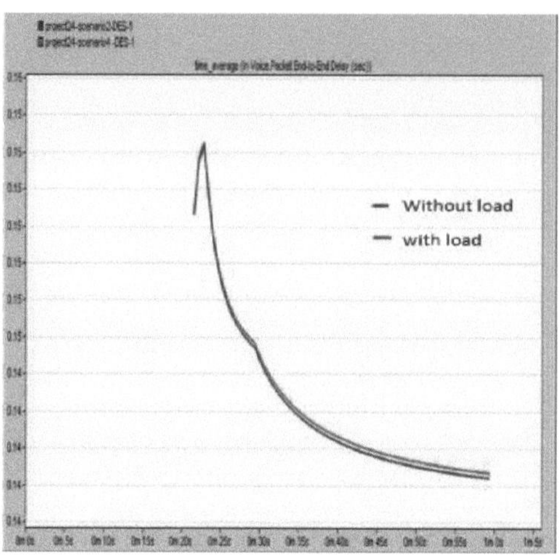

Figura6.11 Atraso extremo a extremo do G 729 com e sem carga de fundo]

A comparação acima determina se há alguma diferença entre os codecs G729 e G.711 numa situação em que há uma quantidade considerável de tráfego de fundo. Como é evidente nas figuras 6.10 e 6.11, os codecs têm apenas um desempenho marginalmente melhor quando não há tráfego de fundo na rede. No entanto, essa diferença de desempenho é insignificante.

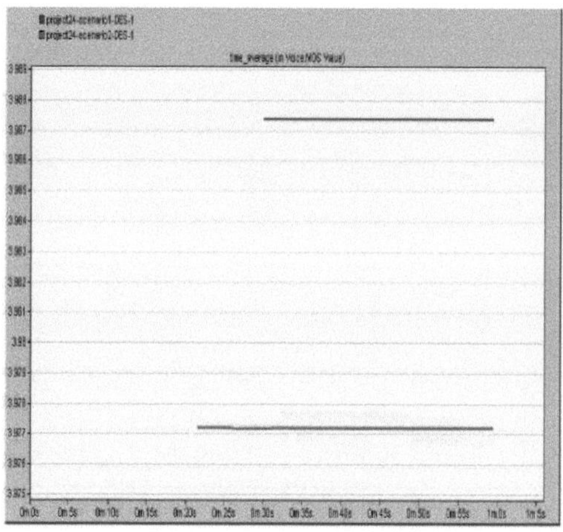

Figura 6.12 Valor MOS de G 711 e G 729 sem carga de fundo

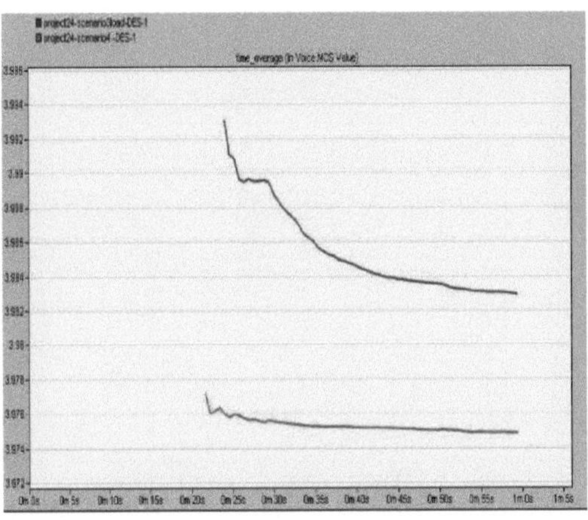

Figura 6.13 Valor MOS de G 711 e G 729 com carga de fundo Naquilo que pode ser visto como a prova mais drástica em apoio do G.711

codec, o Mean Opinion Score (MOS) pode ser visto nas figuras 6.12 e 6.13. Claramente, a presença de tráfego de fundo não afecta o valor MOS, pelo que podemos negligenciá-lo. No entanto, o codec G.711 supera mais uma vez o codec G.729, com uma qualidade de voz muito superior. Há uma grande diferença entre 3,6 e 2,5, o que sugere que o utilizador experimenta uma melhor qualidade com o codec de voz G.711.

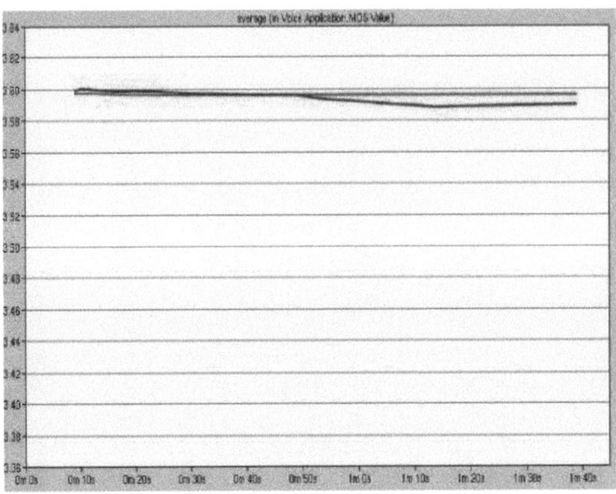

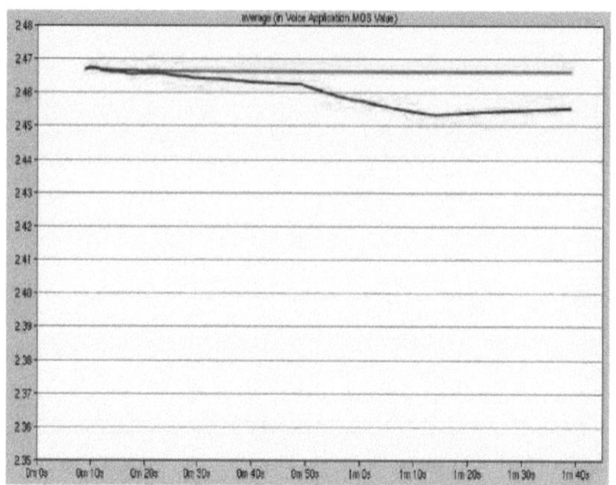

Figura 6.14 Valor MOS do G 711 com e sem carga de fundo

Figura 6.15 Valor MOS do G 729 com e sem carga de fundo A comparação seguinte considera os codecs G.711 e G.729 com e sem carga de fundo. Como é evidente nas figuras 6.14 e 6.15, o impacto na qualidade da voz de uma chamada VoIP é mínimo quando existe tráfego de fundo.

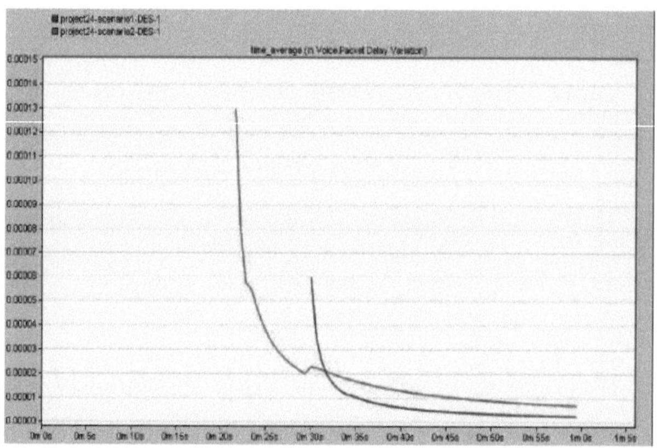

Figura6.16 Variação do atraso do pacote MOS de G 711 e G 729 sem carga de fundo

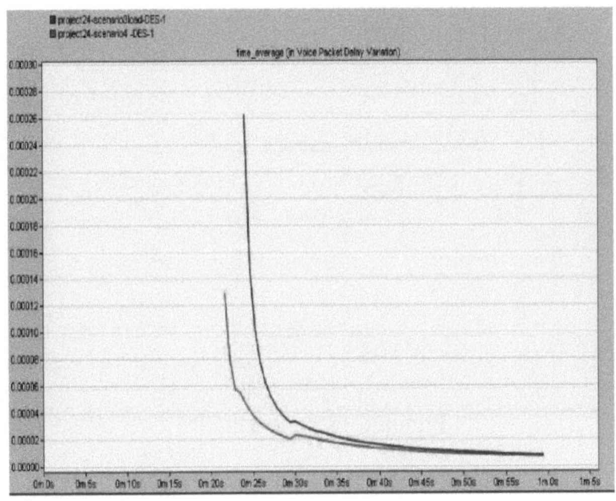

Figura6.17 Variação do atraso de pacotes MOS de G 711 e G 729 com carga de fundo

Pode ver-se nas figuras 6.16 e 6.17 que o atraso do pacote

A variação do G.711 é muito inferior à do G.729 quando não há carga de fundo; no entanto, na presença de carga de fundo, o seu desempenho é semelhante.

6.2 OBSERVAÇÃO DA QUALIDADE VOIP COM DIFERENTES RÁCIOS DE DESCARTE

6.2.1 SIMULAÇÃO

O objetivo deste cenário é observar como a QoS da Internet afecta a qualidade do VoIP. O rácio de descarte é utilizado para diferenciar a QoS da Internet. De acordo com o OPENT, o rácio de descarte de pacotes especifica a percentagem de pacotes descartados. Começamos por alterar o rácio de descarte de pacotes para 0,5%, 4% e 6% nos cenários 1, 2 e 3, respetivamente, nos atributos Internet da nuvem IP.

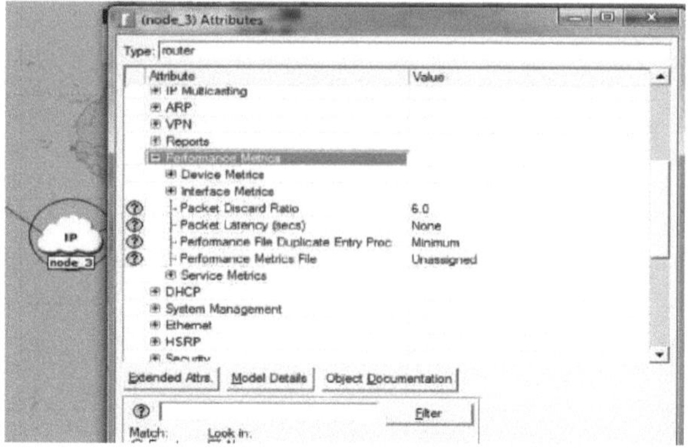

Figura 6.18 Atributos IP

6.2.2 RESULTADOS E ANÁLISE

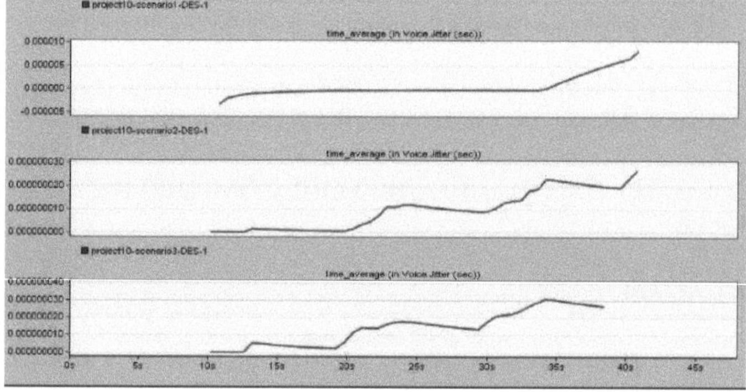

Figura 6.19 Jitter

A Figura 6.19 mostra que o jitter aumenta gradualmente com a taxa de descarte de pacotes. Na taxa de descarte de 0,5%, as flutuações no jitter são muito baixas em comparação com 6%. Isso se deve ao fato de a perda de pacotes ser maior na taxa de descarte de 6%, o que produz uma grande variação no atraso.

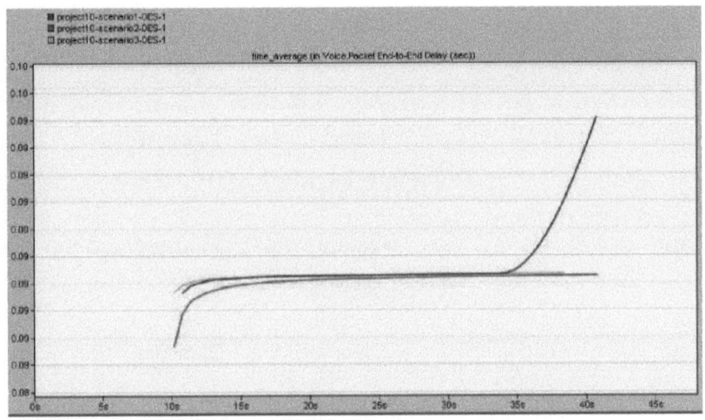

Figura 6.20 Atraso de extremo a extremo

É evidente na Figura 6.20 que, se o rácio de rejeição de pacotes for

O rácio de descarte de 6% tem o seguinte valor

atraso mais curto

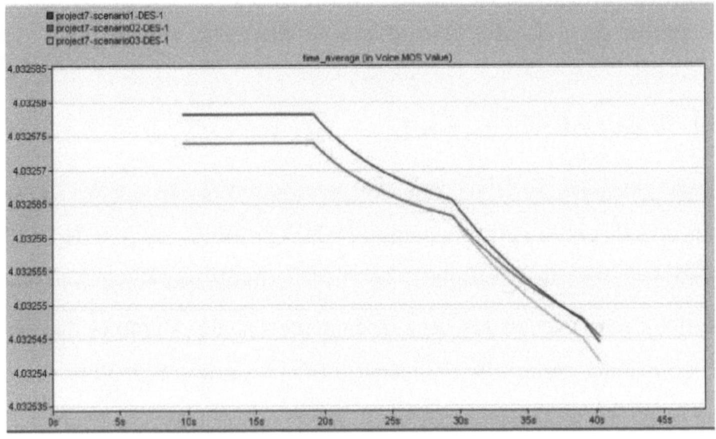

Figura 6.21 MOS

O MOS define a satisfação do utilizador com a rede e o cenário com um rácio de descarte de 0,5% tem o valor de MOS mais elevado em relação à figura 6.21. A tabela seguinte apresenta uma análise comparativa do jitter, do MOS e do atraso de extremo a extremo obtidos utilizando diferentes rácios de descarte de pacotes

Case	Discard Ratio	Jitter	End-to-End Delay	MOS
Discard Ratio 0.5	0.5%	Least Fluctuation	Longest	Higher
Discard Ratio-4	4%	Medium Fluctuation	Shortest	Lower
Discard Ratio-6	6%	Most Fluctuation	Shortest	Lowest

Tabela 6.1 Diferentes rácios de rejeição utilizados com os parâmetros Qos correspondentes

6.3 análise do efeito dos mecanismos de filtragem no voip

6.3.1 SIMULAÇÃO

Nesta pesquisa, é feita uma comparação entre os efeitos de diferentes duplicatas de enfileiramento, como FIFO, PQ e WFQ, na QoS de VoIP. A rede proposta transporta aplicações FTP, Vídeo simultaneamente com VoIP. Três cenários foram executados simultaneamente usando diferentes mecanismos de enfileiramento, como FIFO no cenário PQ no cenário 2 e WFQ no cenário 3. Para medir a QoS da aplicação VoIP, foram utilizadas estatísticas (parâmetros) tais como: Atraso de voz (seg), Voz, tráfego IP caiu e tráfego de voz recebido (pacote / seg) são coletados.

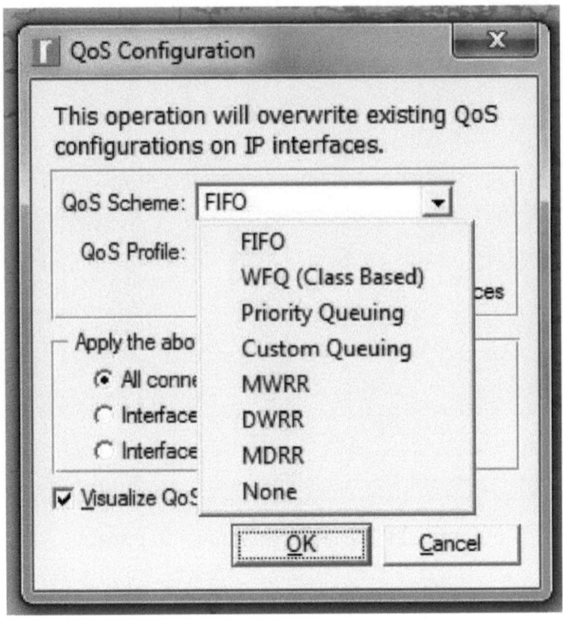

Figura 6.22 Configuração de Qos

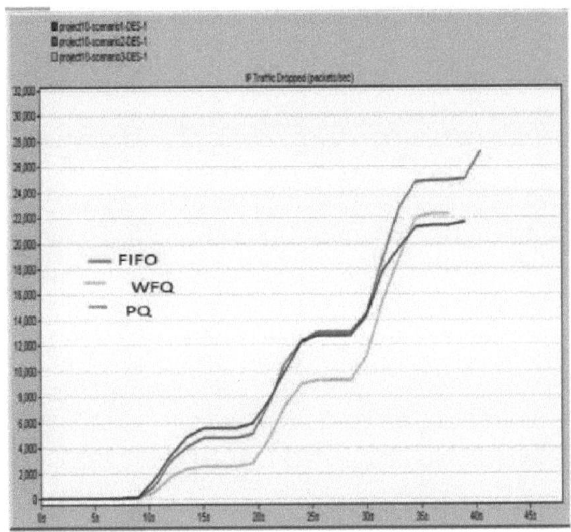

Figura 6.23 Tráfego IP interrompido

A partir da figura 6.23, pode-se ver que o enfileiramento justo ponderado tem a
menor quantidade de tráfego descartado. O enfileiramento por prioridade e o primeiro
a entrar, primeiro a sair produzem resultados semelhantes no início, mas o PQ perde

mais pacotes à medida que a simulação avança.

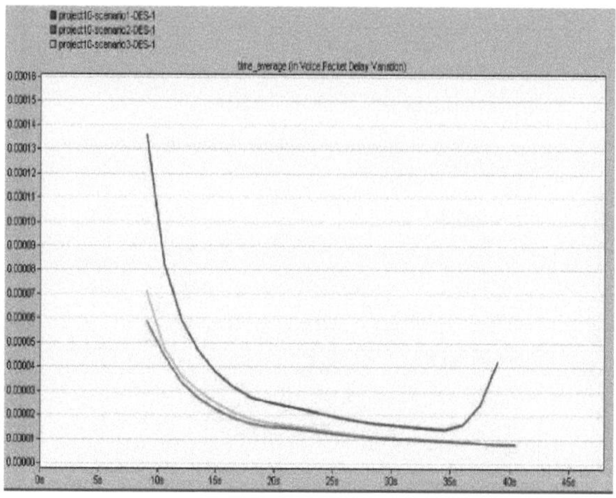

Figura 6.24 Variação do atraso do pacote

Pode ver-se claramente na figura 6.24 que o enfileiramento justo ponderado e o enfileiramento prioritário produzem um atraso muito menor, enquanto o enfileiramento "primeiro a entrar, primeiro a sair" produz uma grande variação no atraso dos pacotes.

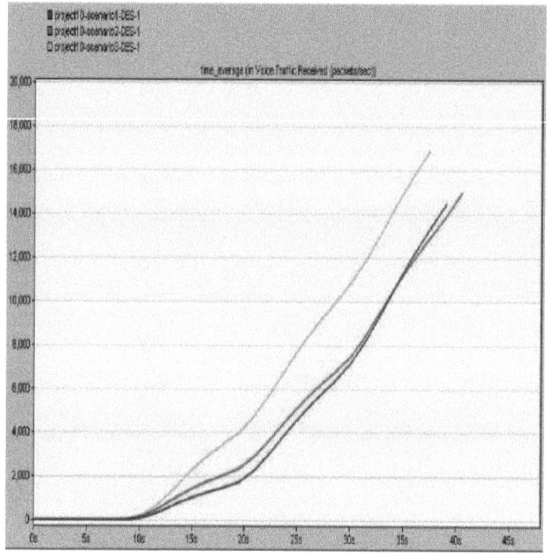

Figura 6.25 Tráfego recebido

O tráfego recebido é um parâmetro importante que determina a qualidade da rede. A figura 6.25 mostra que o enfileiramento justo ponderado tem a maior quantidade de tráfego recebido, seguido pelo enfileiramento prioritário e pelo primeiro a entrar, primeiro a sair. Há apenas uma pequena variação entre o enfileiramento prioritário e o primeiro a entrar, primeiro a sair, mas, à medida que a simulação avança, o enfileiramento prioritário tem a maior quantidade de tráfego recebido.

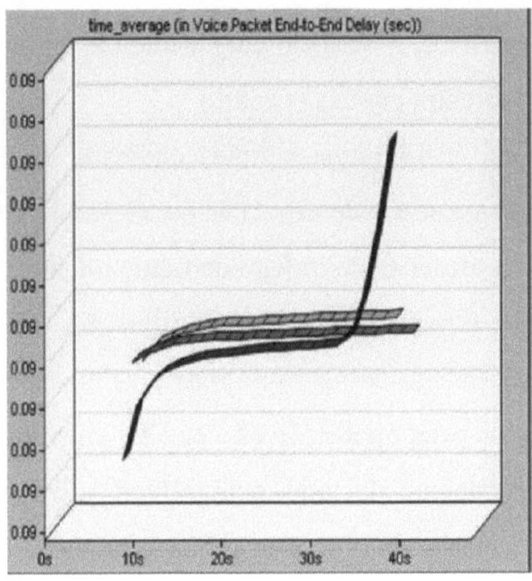

Figura 6.26 Atraso de extremo a extremo

É evidente na figura 6.26 que o atraso de extremo a extremo do primeiro a entrar, primeiro a sair é muito maior do que o dos outros dois mecanismos de enfileiramento. Inicialmente, o atraso produzido pelo primeiro a entrar, primeiro a sair é baixo, mas aumenta exponencialmente com o tempo. No caso do enfileiramento justo ponderado e do enfileiramento prioritário, o atraso é constantemente baixo durante toda a simulação.

CAPÍTULO 7

CONCLUSÃO

A VoIP continuará a ser amplamente utilizada no futuro, uma vez que tem muitas vantagens. São estudados diferentes factores que deterioram a qualidade da VoIP, como o jitter, o atraso de voz de extremo a extremo, a perda de pacotes e os valores MOS. Para diferentes cenários, é também considerada a forma como os factores de deterioração da VoIP se alteram em cada cenário.

O desempenho global da VoIP numa simples chamada de conferência de longa distância de 3 vias para os codecs de voz G.711 e G.723.1. Também é analisado o desempenho com e sem a presença de tráfego de fundo na nossa rede para determinar que tipo de codec de voz é mais adequado para diferentes redes. De acordo com os resultados, a presença de tráfego de fundo na rede teve efeitos mínimos no atraso de ponta a ponta dos pacotes e na qualidade da voz. No entanto, o jitter e a perda de pacotes foram significativamente afectados pelo tráfego de fundo. O codec G.711 teve um desempenho muito superior ao do codec G.723.1 em todas as categorias testadas, exceto na perda de pacotes.

O desempenho da rede com diferentes rácios de descarte também foi analisado e concluiu-se que a QoS da Internet afecta a qualidade do VoIP, uma vez que diferentes QoS da Internet tendem a ter diferentes rácios de descarte de pacotes. Por fim, o efeito dos mecanismos de enfileiramento na rede é analisado e conclui-se que a melhoria da QoS do tráfego de voz com base nas filas prioritárias e nas filas justas ponderadas é o esquema de escalonamento mais adequado, porque os valores dos parâmetros estão dentro dos limites aceitáveis, como o atraso, o tráfego recebido e a perda de pacotes.

REFERÊNCIAS

1. Ali M. Alsahlany, "Análise do desempenho do VOIP", Revista Internacional de Redes Móveis e Sem Fios Vol.6, N.º 3, junho de 2014

2. Amer Nizar Abu Ali, "A. Estudo comparativo entre IPV4 e IPV6", International Journal of Computer Science Issues, 2012. 9(3): p. 314-317.

3. Ayman Wazwaz, Duaa sweity, Dana Nimer, Wafaa Nassar, " Analysis of QoS parameters of VOIP calls over Wireless Local Area Networks" The 13th International Arab Conference on Information Technology, Dec.10-13, pp. 409-414, 2012.

4. Hussein A. Mohammed, Adnan Hussein Ali, Hawraa Jassim Mohammed Hussein, " The Effects of Different Queuing Algorithms within the Router on QoS VoIP application Using OPNET," International Journal of Computer Networks & Communications (IJCNC) Vol.5, No.1, Jan , pp. 117-124, 2013.

5. Hira Sathu e Mohib A. Shah. "Performance Comparison of VoIP Codecs on Multiple Operating Systems using IPv4 and IPv6" (Comparação do desempenho de codecs VoIP em vários sistemas operativos utilizando IPv4 e IPv6) International Journal of e-Education, Vol. 2, No. 2, abril de 2012

6. K. Neupane, and et al, " Measuring the Performance of VoIP over Wireless LAN," In Proceedings of the 2011 conference on Information technology education (SIGITE '11), New York, USA, pp. 269-274, 2011

7. G.C.Sai Anand, Rahul R. Vaidya,T.Velmurugan, "Performance Analysis of VoIP Traffic using various Protocols and Throughput enhancement in WLANs", Conferência Internacional sobre Computadores, Comunicações e Tecnologias Eléctricas, 18-19 de março, pp. 176-180, 2011

8. T. Anouari, and A. Haqiq, " Performance Analysis of VoIP Traffic in WiMAX using various Service Classes," International Journal of Computer Applications,Vol. 52, No.20, August, pp. 29-34, 2012.

9. M.A. Mohamed, F.W. Zaki e A.M. Elfeki, "Performance Analysis ofVoIP Codecs over WiMAX Networks", IJCSI International Journal of Computer Science Issues, Vol. 9, Issue 6, No 3, novembro de 2012, pp 253-259.

10. Haniyeh Kazemitabar, Sameha Ahmed, Kashif Nisar, Abas B Said, Halabi B Hasbullah, " A Survey on Voice over IP over Wireless LANs", World Academy of Science, Engineering and Technology International Journal of Electronics and Communication Engineering Vol:4, No:11, 2010

11. Dinesh Goyal, Rajendra Singh, Naveen Hemrajani, "Estudo comparativo da arquitetura ponto a ponto IPv4 e IPv6 em várias plataformas de sistemas operativos", IOSR Journal of Computer Engineerin, Volume 13, Número 5, agosto de 2013, PP 27-34

yes I want morebooks!

Buy your books fast and straightforward online - at one of world's fastest growing online book stores! Environmentally sound due to Print-on-Demand technologies.

Buy your books online at
www.morebooks.shop

Compre os seus livros mais rápido e diretamente na internet, em uma das livrarias on-line com o maior crescimento no mundo! Produção que protege o meio ambiente através das tecnologias de impressão sob demanda.

Compre os seus livros on-line em
www.morebooks.shop

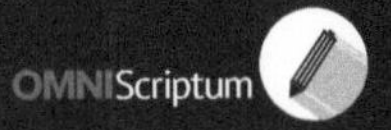

Printed by Books on Demand GmbH, Norderstedt / Germany